TE MERECES ABRAZOS LARGOS

Miriam Rosas
@PINTALABIOS

TE MERECES ABRAZOS LARGOS

mr

Ilustraciones de interior: ©Miriam Rosas, 2024
Diseño de interior: María Pitironte
Recursos de interior: © María Pitironte, a partir de los originales de Shutterstock

Ediciones Martínez Roca, sello editorial de Editorial Planeta, S. A.
Diagonal, 662-664, 08034, Barcelona (España)
www.mrediciones.es
www.planetadelibros.com

Primera edición: abril de 2024
Depósito legal: B. 5.539-2024
ISBN: 978-84-270-5237-6
Preimpresión: Safekat, S. L.
Impresión y encuadernación: Huertas, S. A.
Printed in Spain - Impreso en España

PEFC Certificado
Este libro procede de bosques gestionados de forma sostenible
PEFC
PEFC/14-38-00305
www.pefc.es

A la niña que fui:
todo lo estoy haciendo
por y gracias a ti.

A la persona que está leyendo esto,
nunca olvides que te mereces el Universo.

ÍNDICE

Prólogo

Dicen que, desde el momento en el que llegas al mundo, tu historia está escrita en las estrellas, y que, si quieres, puedes leerla a través de una carta astral. Me pregunto cómo es posible que el Universo me conozca mejor que yo, pero tiene sentido. Yo nunca me he escrito una carta y todavía no sé leerme. Y es que hay tantas cosas que nunca me he preguntado...

No sé cuál es mi historia. Soy la persona con la que paso más tiempo en mi vida y, aun así, siempre he vivido en segundo plano: priorizando a otras personas, viviendo con prisa, exigiéndome, criticándome, escondiendo mi sensibilidad, cumpliendo expectativas que nunca fueron mías... Pero hoy he decidido empezar a escribirme. ¿Quién soy? ¿Qué necesito? ¿Hacia dónde quiero ir? Todavía no lo sé, pero lo descubriré.

Voy a regalarme espacio,
mirar al cielo y
recordarme que mi vida
es mucho más que la historia que me contaba hasta ahora.
Este libro no es solo un libro,
es una carta a mí misma,
por todas las veces que no supe leerme.

SOL

¿Quién soy?

Afirmación

Está bien si todavía no sé quién soy:
tengo toda la vida para descubrirlo.

Querida yo:

No sé quién eres todavía. Confieso que hay algo liberador en admitirlo por primera vez, como si me diera la oportunidad de presentarme de nuevo como una desconocida. Es curioso porque llevamos juntas toda una vida, pero no sé cómo dirigirme a ti sin sentirme una extraña. Supongo que sentirás lo mismo al leer estas palabras.

Quiero empezar esta carta confesándote que estoy asustada. Llevo mucho tiempo perdida y he pensado que quizás tú me entenderías. No sé quién eres, qué necesitas, ni qué te hace sentir viva. He estado tan desconectada de ti, que ahora todo se siente cuesta arriba y no encuentro la salida. Me siento sola e incomprendida, y creo que es porque me faltas tú.

Por eso quiero empezar a conocerte y que me cuentes cómo te sientes. He pensado que una carta sería el primer paso para empezar de nuevo, con buena letra.

P. D.: Dice la astrología que puedo conocerte mejor a través del Sol, que ilumina todo lo que somos y reconoce nuestras sombras. Quizás tiene razón y por eso nunca te he mirado a los ojos.

¿Dónde estoy?

Busco encontrarme,
como si ya no estuviera aquí.
Como si todas las versiones de mí
no se conocieran
y mi imagen exterior
solo fuera un reflejo borroso,
inconcreto,
lleno de huecos vacíos.

Busco encontrarme,
como si mi cuerpo no supiera
dónde me escondo,
mis latidos fueran mudos
y pudiera huir de lo que ya soy.
Como si improvisar
estuviera prohibido
y la falta de respuestas
desafiara mi impaciencia.

Como si hubiese calles con mi nombre,
pero no tuviera el mapa;
y las indicaciones aproximadas
de lo que fui
ya no me sirvieran para ubicarme
en esta etapa.

Busco encontrarme,
como si ya no estuviera aquí.
Pero ¿realmente estoy aquí?

Tienes cero mensajes

Ningún mensaje nuevo.
Los detesto y a la vez los espero.

Siento la necesidad imperiosa
de que alguien piense en mí,
de sentirme deseada
a través de las palabras,
de ver un destello en mi pantalla,
que alguien corrobore mi existencia,
que espere que esté bien
y no se conforme con mi respuesta.

Te presento a mi ansiedad

Hay una bomba que se activa dentro de mí cuando menos me lo espero. Aprovecha que estoy distraída con los cambios de mi vida y me adelanta por la costilla izquierda. No sé cómo, pero se ha instalado en mi cuerpo por sorpresa. Alguien debió avisarla de que mi confianza se había ido de casa por una temporada y ya no sé qué hacer para que vuelva. Solo sé que ahora hay una bomba dentro de mí y que su voz me suena. Intento ignorarla, pero no hay forma, y va cobrando fuerza cada vez que mi corazón se acelera. Estos días vivo en una carrera constante: nadie me persigue, pero siento que, si no corro, nunca llegaré a la meta.

Necesito estar a la altura, pero me siento pequeña.
Empiezo a respirar humo en mis pulmones,
hay algo dentro de mí que me quema.
Solo quiero huir de mi cuerpo,
de mis pensamientos,
de mi voz interna.

Necesito una tregua.

Vives a la velocidad
de la luz
y todavía no sabes
por qué te sientes tan
cansada...

Sol en Cáncer

Que no te engañen mi sonrisa,
mi calma,
mi perseverancia.
Que no te engañen mis fotos,
mis mensajes,
mis logros.
Que no te engañen mis «no pasa nada»,
mis «estoy bien» y mis «no te preocupes».
Que no te engañen mis bromas,
mis consejos y mi coraza.

Que no te engañen…,
por dentro estoy gritando
y no sé cómo salir de mi habitación insonorizada.

Impostora

Me gustaría dejar de sentirme así, como si fuera una actriz a punto de equivocarse en una línea de su diálogo. Con la sensación constante de que en cualquier momento van a gritar «¡Corten!» y se encenderán las luces del escenario. Entonces, todo el que cree en mí me mirará decepcionado, refunfuñando porque esperaban más de lo que les he demostrado. Quiero dejar de sentir que están a punto de descubrir que, en el fondo, no valgo tanto.

No quiero ser adulta

El paso del tiempo
baila ante mí con los ojos cerrados.
No le sigo el ritmo.
Me encuentro al borde del llanto,
de espaldas al calendario.
Soy tan pequeña
que estoy temblando de frío.
Sus movimientos son tan rápidos
que no soy capaz de alcanzarlo.
Quiero que me dé la mano,
que me pregunte si necesito ir más despacio
y que me consuele con un abrazo.
Pero él es tan libre
que ni siquiera me está mirando.

Sus saltos rebotan en el escenario,
siento que me caigo cada vez que me levanto.
Ya nada es como antes, todo está cambiando.

Me da pánico reconocer
que no puedo controlarlo.
Sé que cada vez irá más rápido.
Y el día menos esperado
parará de golpe
y se bajará del escenario,
aunque la música siga sonando.

Por si necesitas leerlo:

No es el fin del mundo,
aunque ahora parezca
que todo se derrumba.

Puede que se esté agrietando
el suelo firme que representa
todo lo que conocías hasta ahora,
pero tú eres la raíz
que está saliendo de la tierra.

Paciencia,
estás hecha de naturaleza.
Solo necesitas darte cuenta.

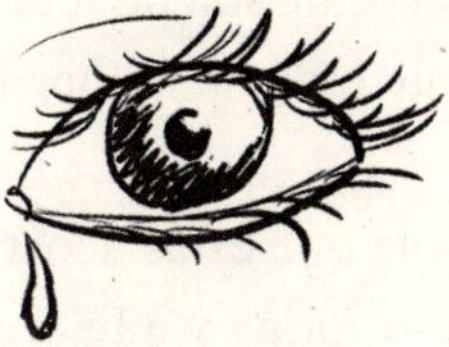

Uno de esos días

Hoy es uno de esos días
en los que no sabría explicar
por qué me siento así de extraña.

Quizás mis emociones
no deben tener sentido todavía.
Quizás me duelen razones
que todavía no sé mirar a los ojos.

Rutina

Se te nota en la mirada que estás agotada,
que la vida te pesa un poco más cada mañana,
que estás cansada de intentarlo todo
y ver que todavía no has llegado donde esperabas.

Se te nota que estás acostumbrada
a odiar tu rutina y a hacer como si nada.
A conformarte con las migajas,
a sobrevivir con sus desventajas.

Se te nota que le pides al cielo
que te regale cosas buenas,
aunque las niegas cuando llegan
porque sigues anclada a los problemas.

Se te nota la mochila que llevas,
los días sin descansar, las noches en vela.
Se te nota que necesitas ayuda:
pídela cuando puedas.

A veces, siento que pienso demasiado.
Otras, pienso que siento demasiado.
¿Por qué siempre me digo que es «demasiado»?
¿Demasiado para quién?

Desgaste emocional

No sé en qué momento exacto dejamos de ilusionarnos ni en qué día del calendario perdimos las ganas de esforzarnos. En qué instante derrumbamos con un suspiro todo lo que habíamos construido, como si fuera tan frágil como un castillo de naipes.

Dime cuánto tiempo hizo falta para desgastarnos,
si fui yo la que empezó a alejarse
o fue mi vieja costumbre de responsabilizarme,
si te perdí a ti o a mí primero,
si dejamos de rimar de forma asonante o consonante,
si fui la última en decir «te quiero»,
si realmente fuiste el último en marcharte.

El sol sigue siendo el sol
aunque le rodeen las nubes.
Tú sigues siendo tú,
a pesar de tus circunstancias.

Llegar a todo

Si crees que no llegas a todo,
quizás es porque ese «todo»
abarca más peso del que puedes sostener.
No porque seas débil
o porque no seas capaz,
sino porque nadie debería sostener tanto peso
en primer lugar.
Cuestiona la carga, no tu capacidad.

Todo lo que me gustaría decirte

Te veo.

Veo cómo me esquivas,
cómo me frunces el ceño
y me regalas lágrimas
que nunca pedí.

Veo cómo me exiges,
me hablas desde el desprecio
y me reclamas que te haga perfecta.
Estoy cansado de verte sufrir…

Veo cómo
enumeras todos tus defectos
a través de mí
y los conviertes en motivos
para esconderte dentro de ti.

Ojalá algún día ser más que un instrumento que odias,
saber cómo es tu sonrisa y que bailes para mí.
Ojalá algún día te vieras como yo te veo a ti.

Con cariño,
tu espejo.

Simplifica, prioriza, permítete existir.
¿Quién eres detrás de todas
tus tareas pendientes?

Dices que eres exigente,
pero solo lo eres contigo misma.

¿Y si fueras exigente con tu tiempo?
¿Con la energía que inviertes?
¿Con la gente que puede tener el privilegio
de estar en tu vida?
¿Y si le dieras la vuelta a la exigencia?
¿Qué pasaría?

Linea temporal

No es casualidad que siempre te compares
con personas que llevan más tiempo que tú
haciendo lo que haces.

Permítete ser principiante
o siempre sentirás que llegas tarde.

Si abro los ojos, estoy cansada de...

- Vivir en automático.
- Anteponer las necesidades de los demás a las mías.
- Obligarme a ser productiva a todas horas.
- Posponer actividades por miedo a no hacerlas bien.
- Ir siempre con prisa.
- Creer que nunca me van a querer.
- Hablarme como a mi peor enemiga.
- Ponerme siempre en lo peor.
- Los recuerdos que pesan más de la cuenta.
- El dolor de mis heridas.
- Que el miedo sea el narrador de mi vida.
- Sentirme tan sola.
- No saber quién soy todavía.
- Creer que no soy alguien que valga la pena conocer.

Siento decepcionarte

La culpabilidad es mi sombra.
Siempre está ahí, a oscuras,
recordándome a quien decepcioné
por querer vivir a mi manera.

Eres la protagonista
de tu historia,
aunque todavía no sepas
cuál es

Atmósfera

Me dueles todos los días que me levanto
y no estás aquí,
orbitando a mi alrededor.
En mi mente, repito en bucle nuestra última conversación
por alargar un poco más la despedida
y seguir dentro de tu atmósfera;
no estaba preparada para decirte adiós.

El espacio que queda de mi

¿Quién soy yo sin ti? ¿Qué queda de mí en todo lo que construimos? ¿Dónde está la línea que separa mis manías de tus costumbres? ¿En qué calles no somos solo recuerdos? ¿Cómo le digo a mi cuerpo que es mío si lo hice tuyo? ¿Cómo me puedo dar el placer que tú nunca supiste darme? ¿Quién más va a entender nuestro idioma indescifrable? ¿Cómo he podido sentirme tan sola si te llevo conmigo a todas partes?

Hay mucha magia en ti…

… que no has descubierto todavía.

Creencias

No sé quién te hizo creer que tienes que pedir perdón cada vez que eres tú misma. No sé quién te hizo creer que pasar tiempo a tu lado es un favor y no un regalo. No sé quién te hizo creer que debes dar explicaciones de todo lo que haces y justificar tus motivos. No sé quién te hizo creer que no eres preciosa, tanto por fuera como por dentro. No sé quién te hizo creer que eres un desastre, cuando, en realidad, a tu lado la vida tiene más sentido.

No sé quién te hizo creer todas estas cosas, pero,

por favor, créeme a mí a partir de ahora:

eres maravillosa.

Deja de buscar ahí fuera lo que te falta,
dentro de ti tienes una galaxia intacta.

Me permito ser vulnerable:
solo entre mis emociones
puedo escucharme y abrazarme.

¿Es así como debería sentirme?

Es normal,
no puedes estar bien todos los días.

No es realista,
por mucho que te digan
que debes poner siempre
tu mejor sonrisa.

Siente tus emociones
sin pensar en los «debería».
No tienen que encajar
en sus expectativas.

Para ti,
que lo estás intentando:

Sé que duele, sé que cuesta
y, aun así, lo estás haciendo
de la única manera que sabes.
Aprecio tu esfuerzo para seguir adelante,
aunque nadie más lo vea.
Eres muy valiente.

Respuesta al insomnio

Debería estar durmiendo, pero aquí estoy, mirando al techo. Últimamente descansar me resulta algo complejo, tanto como decir que no o mirarme de lado en el espejo. Me invaden los pensamientos, me ahogan los recuerdos, me susurran los miedos… ¿Cómo paro todo esto?

La habitación está en silencio, pero los que no me dejan dormir son mis gritos internos. Necesito que salgan de mi cuerpo, por eso estoy escribiendo, solo así consigo entenderlo.

La pregunta no es: «¿Por qué no se van estos pensamientos?». Así solo me estaría resistiendo a ellos.

La pregunta es: «¿De qué me están protegiendo?».

Mi respuesta parece que les convence:

«Os escucho y os entiendo.
Ahora mismo no puedo resolverlo,
necesitaré descansar para afrontarlo,
pero os prometo que, sea lo que sea,
podremos con ello.
Siempre lo hemos hecho».

Te escribiré cien poemas
y solo te recitaré
el que menos te duela.
Hasta en mis palabras
siempre cargo con la pena.

Incomprendida

Sé que siempre te has sentido diferente,
que tu esencia no encajaba en cualquier ambiente,
que tenías que ocultarte para protegerte.
Sé que todavía duele.

Sé que hay recuerdos
que con el tiempo no desaparecen.
Que hay personas
que te hicieron creer que no eras suficiente.
Que hay palabras
que están marcadas a fuego en tu frente.

Sé lo que se siente.

Si hoy no tienes energía,
descansa, no pasa nada.
Mañana también saldrá el sol.

Rescaten a la salvadora

Me enredo con los propios hilos
que me sostienen.
Siento que me descoso
si me estiro un poco más de lo que debo.
Me siento marioneta
y a la vez nadie me coge de la mano
para guiarme.
Quizás no lo hacen
porque piensan que a mí
nunca me hizo falta la ayuda de nadie.
O quizás esto último me lo inventé yo.

Soy conocida por escapar sola
de dragones gigantes,
por ser la heroína de mi propia batalla
y la de todos los que gritan mi nombre.
Pero a veces también necesito
que alguien me salve.
Me duele reconocerme así de vulnerable.

Estoy mareada de tanto pensar en cómo salir de esta.
En mi vocabulario ya no encuentro respuestas.
Solo necesito que alguien me entienda,
anticipe mis necesidades y me sostenga
hasta que vuelva a tener fuerzas.

Creo que es momento de permitir que me rescaten.

Primeras preguntas para romper el hielo contigo misma

- ¿Cómo te definirías en tres palabras?
- ¿Cómo sería un día ideal para ti?
- ¿Cuándo fue la última vez que hiciste algo que te gusta?
- ¿Cuáles son las cinco personas con las que pasas más tiempo?
- ¿Qué es eso que hacías de pequeña que echas de menos?
- ¿Qué es para ti la felicidad? ¿Y el éxito? ¿Y el amor?
- ¿Cómo te cuidas en tu día a día?
- ¿Qué recuerdos te hacen sonreír sin querer?
- ¿Qué personaje de tu serie favorita te representa?
- Si te concedieran cualquier deseo, ¿qué pedirías?
- ¿Qué es lo que más valoras en una persona?
- ¿Qué te gustaría aprender si tuvieras tiempo?
- ¿Qué necesidades han pasado a ser prioridades en esta etapa de tu vida?
- ¿Qué esperas de tu futuro?

Permítete sentir

¿Alguna vez te has parado a sentir tus emociones conscientemente?

Muchas veces, cuando sentimos algo que no encaja con lo que queremos sentir, lo ignoramos. Si no lo veo, no está ahí, ¿verdad? El problema es que una no elige lo que siente, y todas las emociones tienen su función: están ahí por un motivo, aunque no quieras saber cuál es todavía. Y sea como sea lo que estés sintiendo, está bien y es totalmente válido.

Si estás leyendo esto, es la señal para que te invites simplemente a sentir tus emociones. Permítete notar cómo habitan en tu cuerpo. ¿Cuántas hay ahora mismo? ¿Cómo se manifiesta, por ejemplo, la tristeza? ¿Y la rabia? ¿Dónde las encuentras en este momento? ¿En tu garganta? ¿En tu estómago? ¿En tu pecho?

No ignores lo que sientes, no les pongas a tus sentimientos una sábana encima para que se conviertan en fantasmas que te persigan hasta que te des por vencida.

Simplemente, siente con la incomodidad que conlleva. Eres muy valiente, aunque no seas consciente de ello.

La voz de la intuición

Todavía no sé cómo suena la voz de mi intuición.
Creo que es porque nunca he confiado en ella.

Pero, ahora que sé que está dentro de mí,
perdida en alguna parte,
quiero que se sienta como en casa.

Le he dejado la puerta abierta.

ESPACIO PARA QUE TE ESCRIBAS UNA PRIMERA CARTA O SIMPLEMENTE ANOTES LO QUE SIENTES*

*Recuerda: esta página no tiene por qué quedar perfecta. Aquí da igual el resultado. Lo importante es que te des espacio para ser.

LUNA

¿Qué necesito?

Afirmación

Mi mundo emocional es tan profundo como la noche.

Querida yo:

He descubierto que hay partes de ti que solo me hablan con las luces apagadas. A través de la oscuridad, aparecen los miedos, las dudas, los recuerdos, el dolor acumulado… Todo lo que no se ve a simple vista, pero que está ahí, en el fondo, esperando a salir cuando el cuerpo se relaja. Y en ese momento es cuando me susurras que estás cansada.

Antes te pedía que te callaras, que me dejaras en paz, que no quería conocer tu dolor para no sentirlo. Pero ahora solo quiero pedirte perdón por haberte ignorado todo este tiempo y dejar que cargaras con ese peso. Lo siento. Siento que entregaras toda tu luz a los demás y yo te dejara siempre entre las sombras. Siento no haberte preguntado nunca qué es lo que te ilumina y regalártelo. Siento haberte criticado tanto, sin tener en cuenta lo que estabas pasando. Siento haberte apagado cuando en realidad te merecías brillar y ser tú misma. Ahora veo que aprendí a tratarte como te trataban los demás, pero eso ya no es una excusa. Estoy aquí, dispuesta a conocerte, acompañarte y entenderte. Ya no estás sola y sé que juntas vamos a estar mejor, lo sé porque me lo ha dicho la intuición.

Cuéntame, ¿qué necesitas? ¿Qué quieres dejar atrás? ¿Cómo puedo ayudarte? Según la astrología, la luna entiende nuestro mundo emocional y nos pregunta lo que quiere nuestro corazón. Y, a partir de ahora, quiero ser tu guía y ayudarte a comprenderte en todas tus facetas.

Siempre correcta

Me inquieto cuando no soy correcta, cuando no sigo lo establecido en línea recta. De repente, se disparan las alarmas en mi cabeza: la palabra «peligro» recorre sin prudencia todos los escenarios en los que siempre intenté ser perfecta. Ahora no sé cuál es mi etiqueta. Me invade el miedo a cambiar la trama, a que mi personaje pierda su buena reputación, a que la percepción de los demás cambie de la noche a la mañana. Solo hay un pensamiento que me consuela, que me hace volver a respirar tranquila cuando me doy cuenta:

Tan solo soy humana.

No sabía cuánto me necesitaba a mí misma
hasta que vi unas fotos mías de niña.
A ella sí que le daré todo lo que me pida.

Quizás este cambio en tu vida
tenía que pasar
para que te dieras cuenta de que
eres mucho más
de lo que estás acostumbrada a ser.

Etiquetas

He asumido que soy tantas cosas
de forma definitiva
—exigente, dramática, asustadiza—,
sin preguntarme realmente
si solo lo estaba siendo en ese momento
porque no sabía hacerlo de otra manera.
Sin darme la oportunidad de diferenciar
entre ser y estar,
entre ahora y para siempre.

He asumido que soy tantas cosas
de forma inmutable,
sin tener en cuenta mi contexto,
que, a partir de ahora,
he decidido que voy a cuestionar todas mis etiquetas,
porque quizás nunca me definieron
y solamente las llevaba puestas por inercia.

Aprende a vivir con tus errores

Enhorabuena, te has equivocado.
Eres oficialmente humana.

¿A que es extraño que te felicite por algo que hacemos todas?
¿A que no estás acostumbrada a esa reacción cuando fallas?

Lo que te dices a ti misma
cuando cometes un error
es más importante de lo que piensas.

Por mucho que otros te digan
que no pasa nada,
sabes que lo que más necesitas
es escucharlo dentro de ti.

Busca la manera de recordártelo
siempre que lo necesites.

Luna en Escorpio

Crecí creyendo que estaba hecha de fragilidad,
como si al mínimo movimiento fuese a romperme.
Crecí creyendo que no era suficiente para el mundo que me
esperaba ahí fuera, dispuesto a devorarme.
Crecí entre lágrimas que acabaron inundando mi habitación
y la convirtieron en un tanque en el que aprendí a bucear y
aguantar la respiración para no ahogarme.
Crecí pensando que era demasiado pequeña
para tener una opinión sobre lo que me parecía injusto
y las desigualdades aprovecharon mi inocencia
para construir una muralla en mi garganta.
Así fue como el dolor se quedó a vivir en mis palabras
sin opción a liberarse.

Crecí sintiendo que debía esconderlo todo para protegerme
y por eso todavía me cuesta tanto
confiar en la gente.

Espero que puedas entenderme.

No olvides que:

Las opiniones de los demás no te definen.
Lo que esperan de ti
no es lo que les debes.
Si tu entorno te hace sentir así,
sal de ahí en cuanto puedas
y como puedas.

No les creas.
Porque tú nunca fuiste ni serás un problema.

No estoy perdida.

estoy buscando mi sitio
en lugares donde
pueda ser yo misma.

Estoy hecha de contradicciones

Puedo ser tranquila y valiente. Discreta pero con ganas de brillar. Puedo encariñarme del miedo porque lo entiendo, cogerlo de la mano y decirle que lo vamos a intentar igual.

Puedo necesitar estabilidad y desear que todo tiemble para variar. Confiar en lo que valgo aunque no sepa la cantidad.

Puedo ser impaciente pero constante. Sentirme pequeña y soñar a lo grande. Dejarme la piel en todo lo que hago pero llevar siempre abrigo para disimularlo.

Puedo confesarte todo mi dolor con una sonrisa pero llorar de felicidad. Creer que todo irá bien mientras me veo caer. Ser dulce y tomar las decisiones más amargas. Regalar calma mientras mi párpado baila. Comerme el mundo y sus entrañas pero no saber masticar mis propias palabras.

Escribir para entenderme
y no saber qué parte de mí es la que habla.

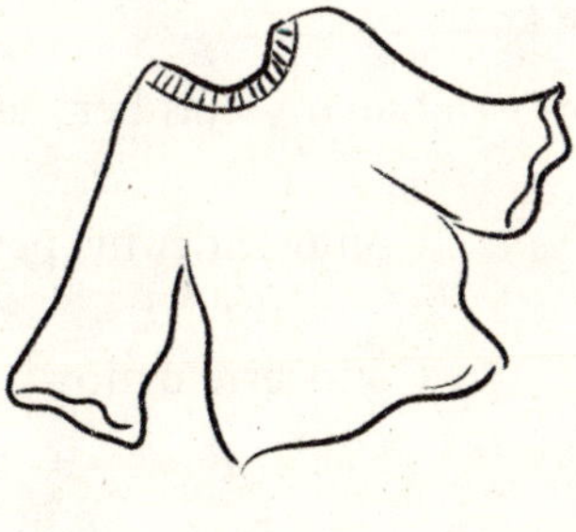

Está bien, no hay prisa,
tómate el tiempo que necesites para...

- Saber por qué te sientes así.
- Descubrir qué es lo que quieres.
- Volver a recuperar tu energía.
- Perdonarte por el pasado.
- Recomponerte.
- Decidir si quedarte o no.
- Aprender a quererte.
- Encontrar tu pasión.
- Cuidar tu salud.
- Construir la vida que te mereces.
- Descansar del ritmo frenético.
- Sanar viejas heridas.
- Comprender tus pensamientos.
- Conocerte mejor.

TE MERECES
BRILLAR SIN MIEDO
A QUE TU SOMBRA
MOLESTE

Venus en Leo

Dicen los astros que mi Venus está en Leo y que por eso no me gusta pasar inadvertida. Que me expreso con seguridad y de forma llamativa. Que tengo una gran autoestima. Que adoro cuando todos me miran. Que brillo como el sol al mediodía. Que me conquistan los grandes gestos y no me conformo con poco. Que soy impulsiva, apasionada, creativa y divertida. Que tengo una belleza encantadora. Que amo intensamente y disfruto de los placeres de la vida.

Y, sinceramente, ojalá ser esa chica.

Me pregunto si realmente ese es mi potencial. Si la astrología me conoce detrás de todas las capas que me ha puesto la vida. Si en alguna realidad paralela crecí en otro contexto en el que me permito ser esa chica que brilla. Me pregunto si todavía estoy a tiempo de ser lo que dicen los planetas si curo mis heridas. Si lo que he creído que soy hasta ahora es solo una coraza que cosí para protegerme, pero, detrás de ella, esa versión de mí está escondida. Me pregunto si algún día volveré a leer este texto y me identificaré con mi Venus y dibujaré una sonrisa.

Me pregunto tantas cosas que nunca me había preguntado… Quizás esa es la verdadera magia de la astrología.

¿Y si te digo que necesito más?
¿Será mi lado exigente el que te lo pide
o es mi soledad la que habla?

Estoy buscando el equilibrio
entre regalarme el tiempo que me merezco
y regalar mi tiempo a los demás.

Es algo nuevo para mí;
siempre me dejaba a mí misma
para el final.

@pintalabios

Marte en Libra

Proyecta en mí lo que quieras.
Crea una versión de mí
distorsionada, vacía,
hecha a medida de tus decepciones y expectativas.

Conviérteme en villana,
redúceme a palabras,
cuéntales a los demás que no era
la persona que te imaginabas
(en eso no te equivocabas).

Diles que no tengo sentimientos,
que soy una egoísta, que todo es un papel.
No estoy acostumbrada a esa narrativa,
precisamente peco de dejarme la piel.

Búscale un sentido
aunque sepas mis motivos y no los quieras ver.
Tradúceme en mentiras,
conviértete en la víctima
y calla todo lo que hiciste para que me fuera de tu vida.

Proyecta en mí lo que quieras:
no importa lo que digas,
sé que hablan tus heridas
—las conozco muy bien—,
pero ya no escuecen en mi piel.

A diferencia de ti, esto es lo único que diré.

Preguntas para noches introspectivas

- ¿Cómo me siento últimamente?
- ¿Estoy donde quiero estar?
- ¿Qué es lo que me da más miedo?
- ¿Qué cosas quiero dejar atrás en mi vida?
- ¿Me estoy dando el tiempo que necesito?
- ¿Qué heridas estoy protegiendo?
- ¿De qué me siento agradecida?
- ¿Cuál es el mayor aprendizaje de mi vida?
- ¿Me permito sentir mis emociones?
- ¿Qué pensamientos se repiten siempre?
- ¿Quién me hace sentir comprendida?
- ¿Qué cosas me quitan energía?
- ¿Qué echo de menos?
- ¿Cómo me gustaría sentirme?

Te has pasado toda la vida esquivando meteoritos,
es normal que ahora necesites sentirte segura
en cualquier espacio.

¿Envidia o tristeza?

Te confieso que a veces envidio a las personas
que nunca han tenido que pasar por lo que yo pasé.
Aunque creo que, en el fondo, no es envidia:
es la tristeza llorando por lo que nunca pudo ser.

Pero entonces recuerdo
que no sería yo misma
sin mi versión de ayer.

Hay veces que no me importaría
perderlo todo,
ser otra persona
y dejar atrás esta sensación aplastante en el pecho.
Hay otras veces que, sin embargo,
esta sensación me abraza,
me acuna y me protege,
porque hemos vivido demasiado juntas
bajo el mismo techo.

No puedo escapar de lo que viví,
pero, en cierta manera, ya pasó
y por eso estoy aquí.
Quizás lo único que puedo ser
es quien soy ahora,
y decirle a mi tristeza que ya no está sola.

Recuerda

Los pensamientos son solo pensamientos.
No siempre dicen la verdad, no siempre tienen la razón, solo vienen y van para encontrarle sentido a la realidad.

Eres mucho más de lo que piensas.

Querida amiga, no estás sola

Si me lo permites, esta vez vas a atravesar ese camino lleno de obstáculos acompañada de una persona que te quiere y confía en ti.
Sí, esa persona soy yo.

Sé que no va a ser fácil. Sé que habrá días en los que no vas a tener fuerzas para continuar. Sé que nunca llegaré a comprender todo el dolor que sostienes en tu cuerpo. Pero también sé que te mereces cosas buenas. Y yo quiero ser una de ellas. Para que, cuando la vida te duela, puedas ver cómo crece una flor entre el barro. Y, entonces, quizás no te hundas en él porque sabes que en ti florecen motivos para seguir luchando.

No estás sola,
dentro de ti están creciendo
todas las flores que te regalo.

Empezar de cero

Está bien si quieres rehacer tu vida.
Está bien si sientes
que ya no quieres lo mismo que antes.
Está bien si necesitas
ponerlo todo patas arriba para encontrarte.

Está bien
porque por fin te estás escuchando a ti
antes que a nadie.

Necesito que estés aquí

Ojalá estuvieras en el lado izquierdo de mi cama.

Ojalá me miraras como si fueras la única persona
que sabe entender mis palabras
y envolverlas con cuidado entre las sábanas.

Ojalá me acariciaras sin pedir permiso,
pero intuyendo cuándo estoy preparada,
hasta que mi piel se acostumbre al impacto
de tus dedos bailando por mi cara.

Ojalá me besaras lento,
muy lento,
y olvidásemos que existe el concepto del tiempo
esta madrugada.

Ojalá me confesaras que llevas
demasiado tiempo soñando con este momento
y que ahora te deshaces
por fuera y por dentro
porque soy todo lo que le pides al Universo,
y eso que no crees en nada.

Ojalá no tuviera que imaginar todo esto.
Ojalá no fueran solo palabras en mi almohada.

Me gusta hablar contigo.
Me asusta hablar contigo.
Dos verbos parecidos
que vienen a decir lo mismo.

Diálogo interno

Háblate con la dulzura con la que le hablarías
a una niña que se siente perdida,
indefensa, sola, con miedo y cansada
de sentirse incomprendida.

De todas maneras, ¿no es así como te sientes?

@pintalabios

Demasiado buena

Me han dicho muchas veces que soy demasiado buena, como si eso fuera una mala noticia en un mundo lleno de pena. Como si regalar mi luz fuera mi propia condena y, por ello, me quedara a oscuras y nadie encendiera mis velas.

En el fondo, sé a lo que se refieren: hay personas que a veces se aprovechan de mi amabilidad y mi inocencia, pero eso no dice nada negativo sobre mí. Puede que sea demasiado buena con los demás, pero también puedo serlo conmigo: marcando límites y protegiéndome, ahora sé que ambas bondades son compatibles.

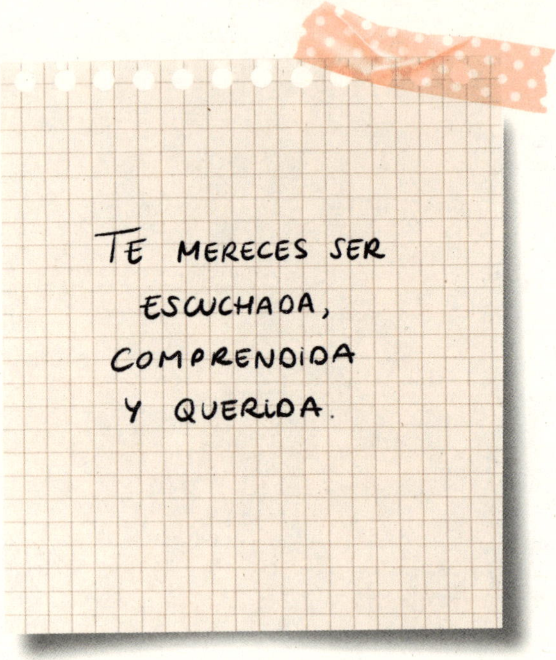

No te merecías que invalidaran tus sentimientos cada vez que expresabas cómo te sentías.

Incertidumbre

Tus emociones están de mudanza.
Toca guardar en cajas todas las enseñanzas y aprovechar para hacer limpieza profunda de lo que ya no sirve. Sabrás la dirección exacta cuando aprendas a leer las señales, pero, por ahora, te estás empezando a mover tachando calles, ignorando las ciudades en las que no te quisiste y dibujando un mapa con escondites que poco a poco irás descifrando.

Tranquila, habrá espacio para todo lo que necesites.

Quiero aprender a vivir más lento,
a apreciar el momento,
a respetar el tiempo de las cosas
sin apresurarlas.
A cuestionar la velocidad de mi vida
porque solo yo puedo cambiarla.

A mi ex

Me alejé de ti porque dolía.
Dolía no poder ser la persona que tú querías.
La que fui en su día.

Me alejé porque a tu lado me sentía distinta. Me hacías ver cada día un futuro que yo ya no quería en mi vida. No encajaba en tus expectativas. Ni tú en las mías.

Cada vez que pasábamos tiempo juntos, algo en mi interior se rompía. Me sentía culpable por no sentir lo mismo que tú. Por sentirme tan incomprendida mientras te daba todo lo que tú querías, lo que tú me exigías. Y yo me perdía a mí misma.

Necesitabas que siguiera siendo igual de complaciente y yo solo necesitaba espacio para darme cuenta de que estaba cansada de serlo. ¿Por qué acabamos así? No lo supe en ese momento. Más tarde, descubriría que marcar mis límites fue como declaraba que te perdía.

No quería alejarme de ti, pero me lo debía.
Espero que lo entiendas algún día.

Me han roto el corazón
muchas veces
y ninguna de ellas
ha dolido más
que perderme a mí.

Fugaces

La vida está hecha de despedidas,
de pequeños instantes que intentamos
sostener más de la cuenta,
de momentos tan mágicos
que se nos escapan de las manos
cuando más queremos aferrarnos.
El cambio nos obliga a decir adiós
cuando no queremos,
pero también nos enseña a apreciar
nuestra fugacidad.

Esa es la única certeza,
y la única constante.

Ella

Ella no sabe que huele a flores frescas.
Que va dejando huella por donde camina,
porque es una mezcla de lluvia y tierra.
Que su voz calma a las fieras.
Que está hecha de naturaleza.
No lo sabe hasta que se pierde
entre árboles, flores, bosques, praderas…
y conecta con su fuerza interna.

Ahí es cuando se da cuenta.

Brillas con luz propia

Estás hecha de luz
y es una lástima que
durante toda tu vida
no te hayas permitido brillar
con toda tu intensidad.

Pero algo en ti ha cambiado.
Desde que empezaste a aceptar tus sombras,
a soltar tus destellos y a confiar en lo que eres capaz de hacer;
brillas incluso en la oscuridad.

Tú también lo notas, ¿verdad?

Me perdono a mí misma
por todo lo que me dije cuando no me conocía.

Nada es más urgente
que proteger
tu paz mental.
Es tu vida,
lo demás puede esperar.

Lo mínimo que me merezco

Me he vuelto exquisita: ya solo me apetecen abrazos largos, conversaciones reales y miradas sinceras.

Me he cansado de todo lo demás:

- De vivir a medias.
- De intentar que me quieran.
- De quedarme en lugares donde me siento pequeña solo porque algún día me parecieron enormes.
- De intentar encajar como si fuera una pieza incompleta.
- De las expectativas ajenas.
- De creer que es mi culpa si algún día no llevo la iniciativa.
- De sostener una carga que no es mía.
- De pensar en lo que pensarán.
- De conformarme con dinámicas que escuecen solo porque son conocidas.

Ya no quiero ser una luz de emergencia. Tampoco un foco que se desgasta para iluminar a otros. Quiero brillar con luz propia y no tener miedo a que mi sombra moleste. Y, sobre todo, quiero dejar de sentirme exquisita por creer que pido demasiado cuando es lo mínimo que me merezco.

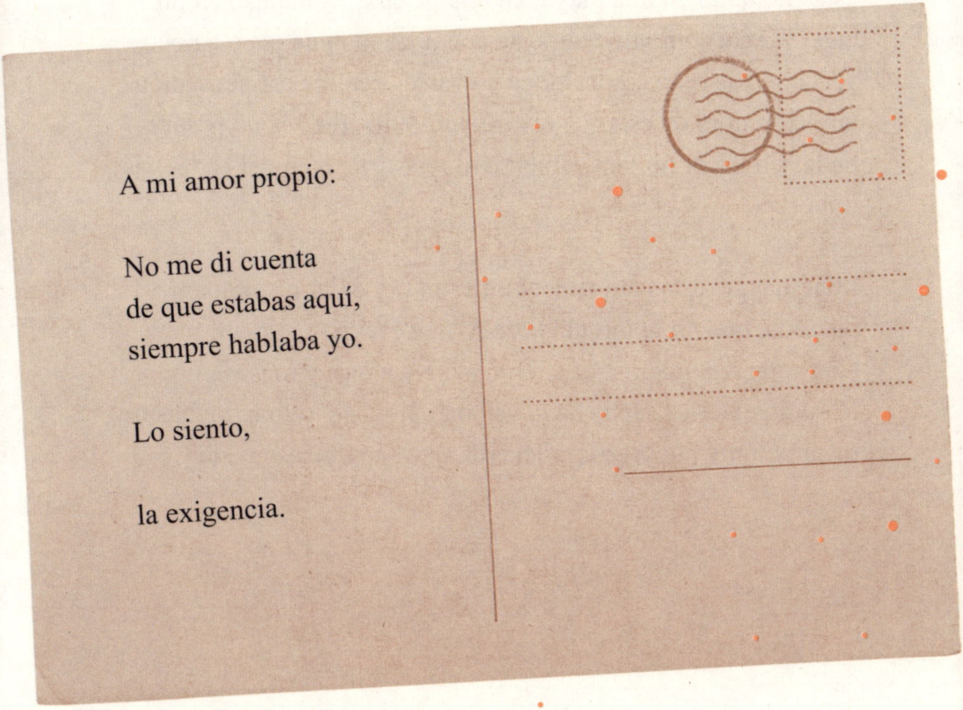

A mi amor propio:

No me di cuenta
de que estabas aquí,
siempre hablaba yo.

Lo siento,

la exigencia.

Pequeña meditación

¿Sabes esa sensación de estar flotando en el agua mientras tu cuerpo se deja llevar? Túmbate en la cama e imagina que estás flotando en una playa, en una piscina…, incluso en un lago. Siente cómo tu cuerpo se acomoda al agua poco a poco y, cuando se relaja, empieza a elevarse. Percibe esa sensación tan liberadora de estar en el aire, inmóvil, como si no pesaras nada, sin hacer ningún esfuerzo ni resistirte, como si nada más importase.

Imagina que estás tan concentrada en ti y en tu respiración pausada, que no te inmutas con lo que está pasando ahí fuera. Con cada respiración, tu cuerpo se relaja más y más, se libera. El ruido exterior suena cada vez más lejano y solo escuchas tu respiración y tu corazón: recuerda que siempre están ahí.

Tómate el tiempo que necesites para flotar. No hay prisa, todo lo demás puede esperar. Tu cuerpo te está dando las gracias por regalarle esta sensación. Puede que te visiten los pensamientos de vez en cuando, pero deja que fluyan como agua a tu alrededor para que no alcancen la calma que estás sintiendo en este momento.

No olvides que puedes teletransportarte a lugares y sensaciones siempre que quieras con el poder de la imaginación.

Solo es cuestión de parar y respirar. Y, sobre todo, de intentarlo.

LLORAR ES DE HUMANAS

@pintalabios

Es momento de pedir perdón por...

- Querer tenerlo todo bajo control.
- Decir que sí cuando querías decir no.
- Echarte la culpa si algo no sale bien.
- Creer que no eres capaz de lograrlo.
- Solo fijarte en lo que te falta.
- No pedir ayuda antes.
- Ignorar tus emociones y acumularlas.
- Llenarte la lista de tareas y presionarte.
- Juzgar tu cuerpo y compararte.
- Priorizar las necesidades de otros a las tuyas.
- Exigirte una perfección inalcanzable.
- Creer que no te mereces ser amada.

- No preguntarte antes quién quieres ser.
- Recordarte tus errores una y otra vez.
- Procrastinar decisiones importantes para ti.
- Querer ser la tirita de otras personas.
- Restarles gravedad a tus problemas.
- Olvidarte de que estabas ahí.

Escribe tu destino

Te has dado cuenta de que no puedes seguir lamentándote y esperar que todo se solucione por arte de magia. Crees en ella, pero no en la que te convierte en el tipo de persona que se queda quieta. Sabes que la magia te tiene que alcanzar a mitad de camino: cuando no solo crees que podría pasar algo bueno en tu vida, sino que tú misma eres la que empieza a construirlo.

Aunque no sepas ni cómo ni cuándo tendrán sentido tus metas.
Aunque al principio nada salga cómo esperabas.
Aunque la vida te ponga obstáculos.
Aunque el camino se haga largo y no veas resultados.
Aunque los demás no valoren tu esfuerzo y,
cuando lo consigas, crean que tu mérito es cuestión de suerte.

Nada de eso importa,
sabes que no vas a esperar ni un minuto más.
Tu vida no se va a escribir sola.

Dame profundidad
en la que bucear,
nunca me he sentido cómoda
en la superficie.

A mi niña interior

No te diré: «No tengas miedo». Puedes tenerlo. De hecho, si lo tienes, no voy a negar su presencia. Voy a acompañarte y estar a tu lado hasta que desaparezca o deje de tener tanto peso.

No te diré: «No te quejes». Puedes hacerlo. De hecho, puedes desahogarte todo lo que quieras. Tienes derecho a expresarte, sean motivos gigantes o pequeños.

No te diré: «No estés mal». Puedes estarlo. De hecho, si lo estás, pedirte que no lo estés no solucionaría nada. Aceptar cómo estás es una manera de validar tus emociones.

No te diré: «No llores». Puedes llorar. De hecho, nadie debería darte permiso. Llorar es sano y necesario, aunque nos hayan enseñado lo contrario.

No te diré todas esas cosas que te decían para «consolarte».
Te diré todo lo que te merecías escuchar
cuando nadie te ayudaba como necesitabas
porque no sabían cómo hacerlo.

Ahora estoy aquí,
y no me voy a ninguna parte.

Paseos nocturnos

El semáforo se pone en rojo
y mi prisa se diluye en el charco de la acera.
Ya no pienso hacia dónde voy,
la vida me ha puesto en espera.
Por primera vez en todo el día
me paro a ser consciente de dónde estoy
hasta que se duerma la carretera.

A mi lado,
la luz de una farola ilumina a una pareja
que se coge de la mano
mientras a mí se me encoge el pecho
y la sombra de los árboles baila entre mis zapatos.

De repente, miro hacia arriba
y me doy cuenta de que hay luna llena
y no lo sabía.
Me pregunto cuántas veces
me he perdido en las prisas del día a día,
cuántos atardeceres no he visto
por estar en la oficina.

Me siento sola,
pero sé que la luna está siempre ahí arriba.
Me confiesa que ella también
echa de menos sentirse vista.
Qué alivio.

Por primera vez en días, me siento viva.
El semáforo se pone en verde,
pero ya no tengo prisa.

ESPACIO PARA QUE ESCRIBAS
TODO LO QUE HAS APRENDIDO
A LA LUZ DE LA LUNA*

*Puedes estar orgullosa de escucharte.
No todo el mundo lo hace.

ASCENDENTE

¿Quién quiero ser?

Afirmación

Cada vez que lo intento, me acerco más a mis sueños.

Querida yo:

Qué privilegio acompañarte en tu camino. Sé que siempre te has sentido perdida porque no sabías quién eras y cómo encajarían tus necesidades en la vida de los demás. Sé que tenías miedo de moverte y alejarte de todo aquello que te transmitía una falsa sensación de seguridad. También sé que no sabías hacia dónde dirigirte porque creías que tu brújula estaba estropeada y que todo te quedaba lejos…

Pero hoy quiero ser yo la que te recuerde que estás cerca. Estás cerca de mí, de la calma y de las pequeñas cosas que hacen que la vida merezca la pena. No es necesario tener las ideas claras, ni una dirección exacta marcada en el mapa: la vida es el camino, no la meta. Y si miras atrás, ya has superado muchísimo. Cada paso que das cuenta.

Hoy quiero confesarte que estoy orgullosa de ti. De la persona que fuiste, de la que eres y de la que serás. De todas las versiones de ti que caben en tu cuerpo. No hay una peor o mejor que la anterior. En todas tus etapas, siempre lo has hecho lo mejor que podías. Y ahora, también.

Hoy ya eres suficiente tal y como eres, pero, como simboliza el ascendente en la astrología, te mereces diseñar una vida acorde a todo lo que te mereces. ¿Cómo quieres que sea tu presente a partir de ahora? Si quieres, puedes responderme a esta carta… Yo ya tengo algunas ideas.

Superación personal

Por supuesto que ya no soy la misma.
La misma no pondría límites.
La misma no confiaría en su talento.
La misma no hablaría de lo que siente.
La misma no estaría escribiendo esto.

Fluir

Estoy improvisando, te lo prometo.

Puede parecer que sé lo que estoy haciendo, pero solo estoy confiando y dando lo único que tengo en este momento. Y créeme que es poco, pero ya es mucho más que cuando empecé y solo me invadía el miedo.

Lo cierto es que todavía no sé qué es lo que quiero —mi gran dilema existencial—, pero sí sé lo que no quiero. Estoy guiándome a través de lo que me hace sentir en calma aquí dentro. Y he descubierto que poco tiene que ver con la productividad, el esfuerzo o el éxito. Hace tiempo que dejé atrás esas exigencias; y no lo parece, pero me he quitado mucho peso.

Estoy improvisando. ¿Hacia dónde? No lo sé, pero eso ya no importa tanto. Sé que lo estoy intentando. Quizás el lugar ya está en mí y yo solo tengo que caminar y dejarme llevar.

Tu mejor versión

¿Sabes qué?
Tu mejor versión también tendrá días
en los que se sienta cansada.
También se merecerá momentos
de estar en pijama sin hacer nada.
También llorará,
se quejará
y se enfadará cuando lo necesite.
Tu mejor versión también se sentirá sola
algunas noches
y evitará planes los días
que no quiera compañía.
Tu mejor versión también tendrá
los mismos recuerdos,
el mismo dolor
y los mismos sueños.
Y, por supuesto,
también tendrá miedos,
porque no dejará de ser humana.

Ya lo ves,
tu mejor versión
no está tan lejos como te imaginabas.

@pintalabios

Mantra

Esta es mi nueva etapa.
En ella, siempre voy a tener tiempo
para preguntarme
cómo estoy y respirar,
aunque las cosas a veces no salgan como quiero.

Cuerpo y mente

Cuando sientas que vives con pensión completa
en tus pensamientos,
recuerda que también tienes un cuerpo.

Recuerda que puedes bajar a él
para alejarte del ruido,
que puedes darle movimiento
para que se sienta atendido
y que puedes darle las gracias
por estar ahí siempre
latiendo,
respirando,
existiendo,
aunque pase desapercibido.

Dice mi horóscopo que van a llegar
cosas buenas a mi vida.
Y, por primera vez, creo que tiene razón.

Mercurio en Leo

Me he alejado de las metáforas
como quien se aleja de su coraza.
Progresivamente,
soltando capas,
hasta quedarme descalza.

Ya no me escondo entre las palabras
para protegerme,
ahora creo espacio en ellas
para expresarme.

Entre esos dos abismos,
dos versiones de mí se dan la mano
y me miran preguntándose
qué es lo que ha cambiado
para atreverme a hacer algo
que antes consideraba impensable.

La que he cambiado he sido yo.
Porque ya no escribo a medias tintas,
ahora quiero derramarme en el papel.
Supongo que es mi forma
de darle a la poesía
la honestidad que se merece,
y a mí misma también.

Me cae bien
la persona en la que
me estoy convirtiendo.

Sencillez

Está floreciendo en mí
un jardín silvestre,
y eso que siempre fui
una chica de ciudad
con alergia a lo impredecible.
En él camino descalza
y, cuando miro al cielo,
me siento libre.

Tan complicada he sido siempre
que ahora abrazar lo sencillo
me parece un jardín silvestre.

Para aquella versión de mí

Aunque me esté alejando de ti,
quiero recordarte que nunca tuviste nada de malo,
eras la persona que necesitaba ser
en ese momento.
Gracias a ti, estoy evolucionando.

Palabras de tu intuición

Concédete el mérito, es tuyo.
Tu intuición sabe lo que es justo.
Has pasado por mucho y has sobrevivido
a más de un fin del mundo.
Y sigues aquí,
girando entre planetas,
dándolo todo de ti,
aunque a veces sientas
que no tienes fuerzas.

Mira cómo haces magia
mientras te encuentras.

Amor de letras

Quiero que me leas hasta las comas,
respetes mis puntos
y acaricies todos mis interrogantes.
No pido menos que eso.

¿A QUÉ LE VAS
A DEDICAR TU TIEMPO
Y TU ENERGÍA
A PARTIR DE AHORA?

Te hemos olvidado

Ya no recuerdo cuando empecé a olvidarte.
Porque es cierto,
ahora llevas más tiempo siendo olvido
que siendo alguien importante.
Me ha pasado tanta vida
de por medio
desde que te fuiste
que siento que le rompiste el corazón
a otra persona con mi cara y mi nombre.
Ella también te ha superado
y ahora somos amigas.

Estás preciosa
cuando te permites
simplemente
EXISTIR

Cumplidos que realmente hablan de cómo eres

- Me inspiras.
- A tu lado me siento en calma.
- Me gusta tu energía.
- Eres muy valiente.
- Transmites mucha luz.
- Admiro tu fuerza de voluntad.
- Ojalá más personas como tú.
- Gracias por existir.
- Me haces sentir escuchada.
- Transmites confianza.
- Me encanta tu sensibilidad.
- Me siento mejor después de estar contigo.
- Me das fuerzas para intentarlo.
- Tienes mucho talento.

- Qué suerte haberte conocido.
- Tu alegría es contagiosa.
- Contigo puedo ser yo misma.
- Siempre tengo ganas de verte.
- Me encanta escucharte.
- Me hace feliz verte feliz.
- Contigo me río de verdad.
- Me haces sentir como en casa.

11:11

Estoy segura de que el reloj marcaba
las once y once cuando te conocí.

Pide un deseo

Si estás leyendo esto, estás de suerte.
Vas a concederte un deseo. Sí, tú.

Aunque no lo creas, ya dispones de la magia para concedértelo. Cierra los ojos y pregúntate qué es aquello que te gustaría que se hiciera realidad en tu vida, ¿lo sabes?

Si te cuesta pensar solo una cosa, no busques una respuesta racional o concreta, guíate por lo que quieras sentir. ¿Es alivio? ¿Satisfacción? ¿Confianza? ¿Amor?

Y una vez lo sepas, pregúntate: ¿cómo puedo alcanzar esa sensación? ¿Es realmente imposible o está hablando el miedo? ¿Qué pensamientos aparecen?

Te invito a que cojas un papel en blanco y te escribas una carta como si fueras la persona que ya está viviendo esa sensación o sueño que tanto deseas. Describe con detalles todo lo que está experimentando esa versión de ti. Imagina cómo es su vida, cómo piensa y qué hace en su rutina. Y, si quieres, pregúntale cómo lo ha conseguido, porque puede que te dé alguna pista.

Una vez escrita, guarda la carta en tu mesita de noche.
Puedes leerla siempre que lo necesites para recordar tus sueños.
Quién sabe si estás prediciendo el futuro…

Sentirme querida era esto

No solo haces
que me sienta vista,
sino contemplada.

No solo consigues
que escuche cumplidos,
sino que los acepte.

No solo logras
que me sienta escuchada,
sino comprendida.

Gracias
por enseñarme que me pueden
querer mejor de lo que estoy
acostumbrada.

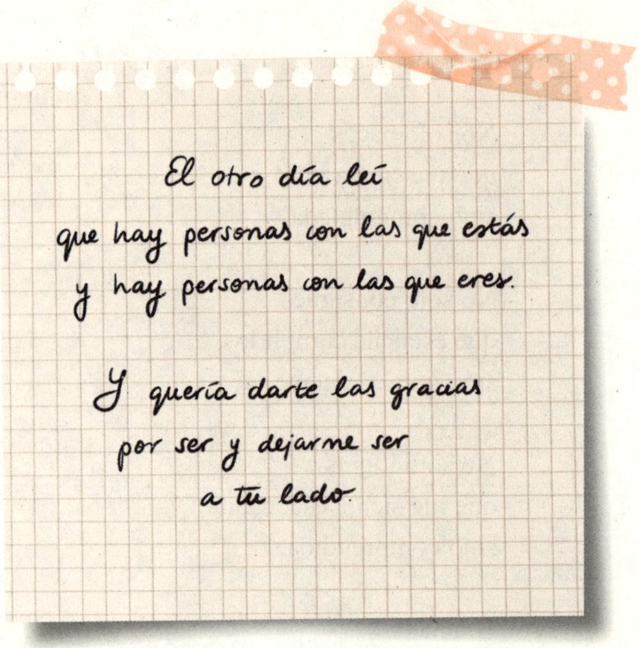
El otro día leí
que hay personas con las que estás
y hay personas con las que eres.
Y quería darte las gracias
por ser y dejarme ser
a tu lado.

Cuento de hadas

Si mi cuerpo es un castillo,
estos días estoy abriendo todas mis ventanas,
dejando que respiren mis estancias
y que el viento se autoinvite para acariciarme.

Si mi cuerpo es un castillo,
estos días estoy limpiando el polvo
para no sufrir alergia
cada vez que aparece un recuerdo inesperado.

Si mi cuerpo es un castillo,
estos días estoy pintando sus paredes
de colores alegres para contagiarme,
estoy plantando flores en el jardín,
y por las noches puedo ver las estrellas,
porque me alejo de las luces artificiales.

Si mi cuerpo es un castillo,
me estoy permitiendo decorarlo y habitarlo.
Ahora ocupo todo el espacio que me merezco.

Abraza tu existencia

Sé que te sabes la teoría. Que solo se vive una vez. Que todo es temporal. Pero ¿cuántas veces eres realmente consciente de ello? Dedícate un momento a interiorizarlo. A recordarte que solo tienes este momento presente, porque nada te garantiza que mañana todo siga igual. Quizás evitas pensar en ello porque te da miedo, y es normal. Pero puedes abrazar esta certeza como una sensación de gratitud por todo lo bueno de tu vida en este momento y todas las cosas que están por llegar.

Estás viva, ¿no te parece una locura preciosa existir?

Alguien te está mirando con orgullo
mientras cumples tus sueños.
Es una niña pequeña.
Tiene tus ojos y tu pelo.

Ascendente en Sagitario

Existe un tipo de calma
que solo me habla en los trayectos.
En trenes,
autobuses,
vuelos.
Cuanto más me alejo,
más disfruto del silencio.

Es esa calma de dejarme llevar,
de saber que no puedo acelerar,
de que el tiempo se para
hasta que llegue a mi próximo destino.
De que estoy en pausa
y me lo permito.

Es esa calma que me da viajar,
la de entender que hay más de un lugar
en el que sentirme como en casa
cuando dentro de mí nunca tuve un hogar.

Es esa calma que me da hablar
en otro idioma que no es el mío,
sentir otro tipo de frío,
emocionarme tanto con lo que veo
hasta el punto de sentir escalofríos.

Es esa calma que me da huir de la rutina,
el recordar que mi vida es mía,
que mis huellas pueden estar repartidas por la tierra
y que puedo perderme a propósito
cada vez que me sienta perdida.

Si me preguntas dónde estoy,
estoy conmigo,
y he descubierto
que soy mi lugar favorito.

Lo vas a conseguir

Estoy segura de que vas a llegar a ser esa versión de ti que tanto deseas, porque has entendido que eres suficiente como punto de partida. Esa mentalidad lo cambia todo. Porque ya no buscas ser alguien diferente desde la exigencia, ahora buscas sentirte mejor en tu propia piel y sabes que solo puedes conseguirlo cuidándote, protegiéndote y poniéndote en primer lugar. Porque vas a decir que no cuando realmente no quieras y que sí a aquellas cosas que te dan miedo porque son nuevas, pero que a la larga te sentarán bien. También estoy segura de que vas a construir una rutina que se adapte a tu ritmo (y no tú a ella), en la que dejarás espacio para que tu niña interior pueda jugar y sentirse a salvo. Estoy convencida de que vas a crear una vida en la que tus metas siempre vayan en una misma dirección: tu bienestar. Porque tu camino de autocuidado ya ha comenzado a brillar con tu luz.

Declaración de amor

Qué suerte tengo,
ahora que lo pienso.
Menos mal que existes
y que compartes conmigo
un espacio de tu tiempo.

Que puedo escucharte reír
y tengo primera fila en tu concierto.
Que puedo mirarte a los ojos
y ver el mundo a través de ellos.
Que puedo pasar horas contigo,
incluso días enteros,
y simplemente sentir
que lo mejor de la vida es esto.

SI ALGO HE APRENDIDO
ES QUE ✧ TODO LLEGA ✧
EN SU MOMENTO, Y SI
NO LLEGA, ES PORQUE
LA ALTERNATIVA
SERÁ MEJOR

Confia en tus sueños

Paciencia, solo porque algo lleve tiempo no significa que no esté en camino. Sé que a veces dan ganas de rendirse, pero créeme: cada paso que das te aleja de donde estabas y te acerca a esa versión de ti que lo consigue.

Confía, cree en ti y nunca olvides el verdadero motivo por el que lo estás intentando. Ese es el motor que te va a mantener en marcha, la brújula que te va a guiar cuando te pierdas y la luz que nunca se apagará dentro de ti, por mucho que te sientas a oscuras. Siempre estarás más cerca de tus sueños si lo intentas.

Tranquilidad

La calma a veces puede parecer aburrida. Sobre todo, si has estado toda tu vida luchando por tu seguridad. Tener vínculos sanos también puede parecerte raro. Sobre todo, si has estado toda tu vida buscando que te quieran de verdad. Y tener las cosas claras puede que, muchas veces, te haga dudar mucho más.

Es normal, no estabas acostumbrada a la tranquilidad.

Mi calma huele a…

- Incienso de vainilla.
- Sábanas limpias.
- Palomitas y mi serie favorita.
- Conciencia tranquila.
- Los canelones de mi abuela.
- Una tarde de otoño en Viena.
- Consejos cálidos.
- Bizcocho en el horno.
- Paseos lentos.
- Aceite esencial de sándalo.
- Sal y brisa marina.
- La risa de mis amigas.
- Volver a casa contigo.
- Oír la lluvia desde mi sofá.
- Caricias y cosquillas.
- Un refresco con limón en el bar de la esquina.
- Noches de verano infinitas.
- Rayos de sol por mi ventana.
- Mi perro durmiendo en mi regazo.
- Abrazos por la espalda.
- Libro nuevo.
- Mente despejada.
- Gratitud.

Decisiones

Por fin te has dado cuenta de que no existe una sola decisión correcta. Que todos los caminos son válidos y te llevan hacia nuevas experiencias. Que todo sirve, que todo cuenta. Que está bien probar cosas nuevas, y también está bien quedarse quieta si tú lo decides.

No hay prisa por llegar a la siguiente meta, la vida no es una carrera. Te mereces disfrutar de estar aquí y celebrar esta etapa de tu vida, sin pensar en lo que te falta todavía.

También te has dado cuenta de que no pasa nada si aparece una buena oportunidad y no la coges porque estás bien donde estás. No siempre tienes que decir que sí a todo lo que llega por miedo a quedarte atrás.

Todos los caminos son válidos,
todas las decisiones sirven,
déjate llevar.

Relativiza

Vives en una roca flotante
y tu tiempo en ella es limitado.
Disfruta mientras puedas
y como puedas.
Te mereces una vida
llena de momentos inolvidables.
Empezando por este momento exacto.

Voy a cambiar el final
de todas mis historias
porque sé que estaban narradas
con falta de perspectiva.

Aunque te digan lo contrario

No todo está en tus manos.
Las circunstancias,
el entorno,
los recursos,
la salud,
las emociones,
los privilegios,
las discriminaciones
también influyen.
No te culpes si lo has dado todo
y, aun así, no ha sido «suficiente».
El mundo, a veces, no está preparado
para todo lo que tienes que ofrecer.

Tiempo de calidad

Muchos no lo entienden, pero disfruto de mi propia compañía. De caminar escuchando música. De ir al cine sola y comerme toda la caja de palomitas. De quedarme en casa en pijama todo el día y ponerme mi serie favorita. Disfruto cuando muevo mi cuerpo en silencio y cuando canto dándolo todo delante del espejo. Disfruto al ponerme cremas, escribir en libretas y hacer ese pasatiempo que tanto me llena. Disfruto leyendo donde sea, lo que sea, como sea. Disfruto aprendiendo. Disfruto cuando me cancelan planes y puedo tener tiempo extra. Disfruto regalándome aquello que siempre he querido, dándome caprichos. Disfruto estando sola porque no me siento sola.

Disfruto dándome espacio y tiempo para estar conmigo.

ERES TÚ MISMA
CUANDO TE EMOCIONAS
PORQUE ALGO TE PARECE
bonito

De mi para mi

Eres mi espacio seguro.
Lo demás puede estar
en constante cambio,
pero si estoy a tu lado,
me siento a salvo.

Ideas de citas contigo misma

- Ve a desayunar a una cafetería bonita.
- Ve a un parque y estírate en el césped a leer.
- Ponte un pódcast y sal a caminar.
- Regálate una tarde de maratón de tu serie favorita.
- Maquíllate y hazte fotos para ti.
- Prepara un postre que te guste (o una nueva receta).
- Coge la bicicleta y sal a dar una vuelta.
- Ve al cine sola.
- Empieza un *bullet journal* o un diario.
- Ve a la biblioteca y coge un libro que te guste.
- Crea una *playlist* y después báilala y cántala a pleno pulmón.
- Haz una *vision board* con todas tus metas.
- Ve a la playa, a una piscina o a un spa.
- Pinta velas con la cera de otras velas de colores.
- Coge un tren a un sitio al que no hayas ido nunca.
- Ordena tu espacio y cambia las cosas de sitio.
- Pide comida de tu restaurante favorito.
- Juega a aquel videojuego que te gustaba de pequeña.
- Ve a un museo.
- Dedícate un día de autocuidado facial.
- Date placer como a ti te guste.
- Cómprate flores.
- Haz eso que te hace feliz cuando nadie mira.

Perspectiva

Es curioso cómo hay algunas experiencias que en el momento que suceden no tienen ningún sentido. Por más que buscas, no entiendes por qué te ha tenido que pasar a ti.

Y un tiempo más tarde, un día cualquiera, estás en casa tomándote una taza de chocolate y te das cuenta de que aquello que te pasó ahora sí que tiene sentido. Ahora sí encajan las piezas del puzle. Ahora sí puedes ver lo que en aquel entonces no podías. Porque hay momentos en la vida que solo se pueden apreciar desde la distancia.

Así que, quizás todavía no entiendes algunas cosas que estás viviendo porque no eres la versión que tiene que entenderlas. Solo eres la versión que tiene que vivirlas.

Gratitud espontánea

Estás volviendo a casa después de un buen día. No ha pasado nada extraordinario, pero sientes esa paz que ya dabas por perdida. De repente, te sientes agradecida. Por la gente que está en tu vida. Por estar aquí. Por tener una rutina. Por lo mucho que has superado. Por tu forma de ser. Y por primera vez en mucho tiempo, te sientes a gusto con tu vida tal y como es.

Desprendes una energía DISTINTA:
mucho más tú, mucho más viva,
mucho más DUEÑA DE TU VIDA.

Aquí

Encontrarme no era la meta.
Es un camino que me acompañará toda la vida.
Al menos, ahora soy consciente de mis pasos
y de la suerte que tengo de acompañarme.

Prometo darme espacio para ser.
No pienso volver a alejarme de mí.

ESPACIO PARA QUE TE DES LAS GRACIAS
POR TODO LO QUE HAS SUPERADO Y CONSTRUYAS
LA VIDA DE TUS SUEÑOS

DE MI PARTE,

GRACIAS POR HABER LLEGADO HASTA AQUÍ.

GRACIAS POR EXISTIR.

ESTOY ORGULLOSA DE TI.

Querida persona que está leyendo esto:

Sé que no es fácil mirar hacia dentro y abrazar todo lo que duele. Lo sé porque he escrito cada palabra desde el corazón, y hacía tiempo que el mío necesitaba un abrazo sincero.

También sé lo que es estar desconectada de ti misma, vivir en automático y siempre priorizando a los demás. No te culpes por llegar tarde a tu vida, date las gracias por estar aquí y ahora, contigo. Tu historia solo acaba de empezar, date tiempo y confía.

Si hay algo que quiero que no olvides de todas mis cartas y que se te quede grabado en tu preciosa mente cada vez que recuerdes este libro, es que no eres demasiado ni estás pidiendo demasiado, ¿de acuerdo?

A veces nos quedamos en lugares que nos parecen seguros y hacemos como si nada porque olvidamos lo mucho que nos merecemos. Y por eso estoy aquí, siempre que abras este libro o mires al cielo, para recordarte que te mereces el Universo entero.

Te mereces conversaciones reales,
con los demás y contigo misma.
Te mereces miradas sinceras,
hacia fuera y hacia dentro.
Y, por supuesto, te mereces abrazos largos:
y los tuyos son infinitos, porque duran toda la vida.

Nunca estarás sola si te tienes a ti misma.